Ludwig Weimer

Wo ist das Christentum?

Urfelder Texte

3

LUDWIG WEIMER

Wo ist das Christentum?

Sören Kierkegaard neu gelesen

VERLAG URFELD

Bibliografische Information Der Deutschen Bibliothek
Die Deutsche Bibliothek verzeichnet diese Publikation
in der Deutschen Nationalbibliografie;
detaillierte bibliografische Daten sind im Internet
über http://dnb.ddb.de abrufbar.

ISBN 3-932857-43-7
ISSN 1614-6999

2004, 1. Auflage

Umschlaggestaltung: Thomas Cojaniz
Satz: Urfeld Media
Herstellung: Kreiter Druck Wolfratshausen

Mehr zum Programm unter: www.verlag-urfeld.de

Vorwort

Seit dem Tod Sören Kierkegaards, des größten dänischen Philosophen und Kritikers der Staatskirche seines Landes, sind 150 Jahre vergangen.

Das Nachziehen einiger Grundlinien seines Werkes will auch einen Geistesverwandten würdigen, den ich kennenlernen durfte: Dr. Herbert Wallbrecher († 1997), der zusammen mit seiner Frau und vielen anderen das Experiment 'Gemeinde' wagte, aus dem dann die Katholische Integrierte Gemeinde herauswuchs.

Neben dem Aufbau der Gemeinde studierte Herbert Wallbrecher in den letzten Jahren vor seinem Tod vor allem die Bibel und darüber hinaus die Werke Sören Kierkegaards, schrieb sich Lesefrüchte heraus und führte auch damit das Gespräch mit den Theologen weiter. Ihm sei dieses kleine Büchlein gewidmet.

Bad Tölz, Oktober 2004 *Ludwig Weimer*

Hinführung

Es gibt Poeten, die in einem einzigen Gleichnis fast alles sagen können, was sie sagen wollten. Kierkegaard war so ein Poet. Er verdichtet den Zustand der christlichen Welt seiner Zeit so:

„Stell dir vor, die Gänse hätten auch ihren Gottesdienst. Jeden Sonntag kämen sie zusammen, und ein Gänserich predigte. Der wesentliche Inhalt der Predigt wäre: welch hohe Bestimmung die Gans habe, zu welch hohem Ziel der Schöpfer – und jedes Mal, da dies Wort genannt würde, knicksten alle Gänse und alle Gänseriche dienerten – die Gans bestimmt habe; mit Hilfe der Flügel könnten sie fortfliegen zu fernen Gegenden, seligen Gefilden. So jeden Sonntag. Und darauf trennte die Versammlung sich, jede watschelte heim zum eigenen Herd. Und dann wieder am nächsten Sonntag zum Gottesdienst und dann wieder heim – dabei bliebe es, sie gediehen und würden fett, drall und delikat – und dann würden sie am Martinstag verspeist – dabei bliebe es. Denn während die Predigt am Sonntag so feierlich lautete, wussten die Gänse am Montag einander zu erzählen, wie es einer Gans ergangen sei, die Ernst habe machen wollen mit Hilfe der Flügel, die der Schöpfer ihr gegeben habe, bestimmt zu dem hohen Ziel, das ihr gesetzt sei, wie es ihr ergangen sei, welche Schrecknisse sie habe erdulden müssen. Auch fanden sich unter den Gänsen einige einzelne, die leidend aussahen, mager wurden. Von ihnen hieß es unter den Gänsen: da sieht man, wohin es führt, wenn man mit dem Fliegen-Wollen Ernst macht. Denn weil sie sich in ihrem stillen Sinn mit dem Gedanken, fliegen zu wollen, beschäftigen, deshalb werden sie mager, gedeihen nicht, haben Gottes Gnade nicht, wie wir sie haben und deshalb drall, fett und delikat werden, denn von Gottes Gnade wird man drall, fett, delikat. Und am nächsten Sonntag gingen sie dann wieder zum Gottesdienst, und der alte Gänserich predigte von dem hohen Ziel, wozu der Schöpfer (hier knicksten die Gänse, und die Gänseriche dienerten) die Gans bestimmt habe, wozu die Flügel bestimmt seien." (Tagebuch, 3.–12.12.1854)

Was Kierkegaard in dieser Gänseparabel formuliert, ist vielleicht die grundstürzende Einsicht seines Lebens gewesen, die ihn aus der Bahn seiner gesellschaftlichen und kirchlichen Karriere warf und zu einem Einsamen machte. Die Christenheit habe Schluss gemacht mit dem Christentum, ohne das recht zu wissen, heißt es an einer anderen Stelle.

Im August 1852 schrieb er in sein Tagebuch: „Das Christentum ist hierzulande gar nicht da; damit man es wiederbekommt, muss erst ein Dichterherz brechen, und dieser Dichter bin ich."

Er begann als poetischer Philosoph oder als philosophischer Poet, fühlte es aber immer mehr und bedrängender als seinen Auftrag, dabei nicht stehen bleiben zu können. Er hat sich davor gefürchtet, in einen offenen Konflikt mit der Kirche eintreten zu müssen; er wollte kein Reformer oder Reformator werden; er wollte nicht auftreten mit der Vollmacht eines Amtes. Aber dies war seine Forderung, die er mit den anderen großen Aufklärern seiner Zeit teilt und die je nachdem einen Angriff auf die Kirche oder ihre Verteidigung bedeutet: Gott will, dass Ehrlichkeit, Wahrheit sein soll – unter dieses 'Muss' sah er sich gestellt.

War er zu radikal? Hat er übertrieben? Braucht er nicht ernst genommen zu werden? Psychologische Begründungen sollen alles erklären: Er sei von einem Trauma von seinem Vater Michael belastet gewesen, der, in einer großen Geschwisterschar aufgewachsen, einst Schafe auf der Weide zu hüten hatte. Hungrig und heruntergekommen wie er war, stellte er sich auf einen Hügel und verfluchte dabei Gott; das sah er nachher als eine unverzeihliche Sünde an, die Gottes ewige Strafe nach sich ziehe, eine traumatische Erfahrung, die sein Leben belastete und von der er mit 82 Jahren vor seinem Tod seinem Lieblingssohn Sören erzählte. Der Sohn, von ihm zu streng religiös erzogen, sei deswegen Pessimist geworden und habe sich zum Opfer stilisiert. Er habe sich auch eingebildet, um Christi willen seine Braut nicht zu heiraten, aber in Wirklichkeit wollte er durch diesen Verzicht seine poetische Kraft wachhalten; dazu habe er den Leidensdruck gebraucht.

Hatte Kierkegaard ein zu hohes Ideal, legte er einen zu strengen Maßstab an die faktische Christenheit an? Er verglich die Gegenwart mit dem Neuen Testament und verlangte mit aller Vehemenz um des

Heiles und Glückes der Menschen willen das demütige Zugeständnis der Kirche und der Christen seiner Zeit, dass sie keine Christen im strengen Sinne des Neuen Testamentes sind und in ihrer Schwachheit von der Gnade Gottes leben, die sie auch unter diesen Umständen nicht preisgibt.

Ein Text aus seinem Nachlass („Die bewaffnete Neutralität“, 1880) zeigt, dass er sehr wohl zu differenzieren vermochte: „Ich meine nicht eben, man könne ohne Übertreibung sagen, dass das Christentum in unsrer Zeit ganz und gar abgeschafft sei. Nein, das Christentum ist noch immer und in seiner Wahrheit da, jedoch als Lehre, als Doktrin. Was indessen (und das kann man ohne Untertreibung sagen) abgeschafft ist und vergessen, das ist das Christ-Sein, was es heißt, Christ zu sein. Es ist allerdings von äußerster Wichtigkeit, dass das ideale Bild eines Christen in jeder Generation aufrecht erhalten wird, ins Licht gerückt wird eben in Hinblick auf die Verirrungen des Zeitalters.“

Kierkegaard erwartete dabei keine Umkehr durch Papiere und Synoden: „Dies war und ist meine Idee für eine Reformation, welche, ob sie nun gelinge oder nicht, in jedem Falle vor sich gehen und abgehen wird ohne Generalversammlungen, Synoden, Abstimmung, kurz ohne alle Profanierung.“

Er war sich bewusst, dass die Anlehnung der Kirche an den Staat als Ersatz für den schwächer werdenden Glauben eine lange Geschichte hat und nicht die Schuld der jetzt lebenden Generation ist.

Aber er hatte den Mut, das Christentum des Neuen Testamentes einzufordern, indem er seine Abwesenheit offenbar machte: „Dass das langsam, schleichend geschehen ist, im Laufe der Jahrhunderte, kann dich zwar entschuldigen, dir aber nicht helfen. Mich schaudert, dass diese meine Mitmenschen also eine Gesellschaft von Christen sind, welche 1000 auf das Neue Testament vereidigte Lehrer hat – und dass dann in Wahrheit diese Menschen keine Ahnung haben, was Christentum heißt.“ (Der Augenblick Nr. 9, September 1855)

In diesem Tagebuch und im selben Monat betete er zu Gott: Wie für Verliebte der Augenblick komme, wo sie über Worte hinaus dem Geliebten um den Hals zu fallen begehren, so komme für den Glaubenden der Tag, wo er nicht mehr nur in Worten danken will, sonden zum Tun übergehen will: „Dies kann ich nicht aushalten, es befriedigt den Drang in mir nicht, du musst, o Gott, mir einen weit stärkeren Ausdruck für meine Dankbarkeit erlauben: die Werke.“ Er fühlte, dass er als bloßer Schriftsteller seinem Auftrag nicht mehr gerecht werden konnte.

Den Anstoß für seine Kritik zur Unterscheidung des Christlichen war das Staatskirchentum der dänischen protestantischen Landeskirche vor 150 Jahren. Es war seine Antwort auf die Herausforderung, die der Umsturz der geistig-religiösen Welt seit der Europäischen Aufklärung für das christliche Selbstverständnis darstellte. Dadurch sah er sich genötigt, den Schritt vom Denken und Schreiben zum Tun des

Glaubens zu vollziehen. „Christlich betrachtet, ist jede Dichterexistenz Sünde, die Sünde, zu dichten, anstatt zu sein, sich zum Guten und Wahren durch die Phantasie zu verhalten, anstatt dies selbst zu sein, d.i. existentiell danach zu streben, es zu sein." (Die Krankheit zum Tode, 1849)

Dieser Schritt kostete ihn viele Jahre seines Lebens. Mit 43 Jahren, nach einem Ein-Mann-Kirchenkampf seiner letzten Jahre, brach er, am Ende mit seinen finanziellen Mitteln – die Flugblattaktion finanzierte er mit dem Rest seines Vermögens –, verleumdet und physisch erschöpft, auf der Straße zusammen und starb im Hospital am 11. November 1855.

Er hatte denkerisch mit seiner Lebensaufgabe gerungen und so lange unter Pseudonymen geschrieben, bis er sich entschloss, zu handeln und die protestantische dänische Staatskirche als vom Christentum des Neuen Testaments abgefallen anzugreifen. Seine Diagnose: Seine Kirche sei in eine humanistische Allerweltsreligion abgesunken und der deutsche Philosoph Hegel erweise der Theologie einen Bärendienst, wenn er den Glauben in menschliche Weisheit auflöse.

1. Die Kritik am Christentum als Staatsreligion – zurück zum Neuen Testament

Zu Kierkegaards Lebenszeit in der ersten Hälfte des 19. Jahrhunderts hatte auch in Dänemark die Aufklärung und Säkularisation voll eingeschlagen. Die Christenheit planierte sich weitgehend selbst. Die Aufspaltung in Konfessionen hatte die Kirche geschwächt. Dänemark war fast ganz lutherisch. „Es ist komisch, dass man sagt, ein König hat das Christentum in seinem Reiche 'eingeführt', ähnlich wie man eine Verbesserung der Schafzucht einführt. Das Christentum ist gerade das Einzige, was sich nicht einführen lässt." (Tagebuch, 1844)

Die konstitutionelle Monarchie war erblich, der König musste der evangelisch-lutherischen Staatskirche angehören. Die Pfarrer waren königliche Beamte, die Bischöfe vom König berufen. Sie trugen seine Ordenszeichen als Amtssymbole. Bis zur Verfassung von 1849 war die öffentliche Meinungsäußerung der Zensur unterworfen. Als Zensor fungierte ein Polizeibeamter. Kopenhagen hatte noch eine Stadtmauer, und nachts wurden die Tore geschlossen. Bei Vollmond wurde die Straßenbeleuchtung gespart, ohne Rücksicht auf die Bewölkung.

Kulturell stand das Land Schweden, seinem Konkurrenten um die Ostseeherrschaft, nahe. Die theologische Staatsfakultät stand ganz unter dem Einfluss der deutschen Philosophen, vor allem Hegels. Drei neue Mächte waren entstanden: die Mechanisierung der Arbeit durch Maschinen, der demokratische Druck der Masse und die durch die Presse entstehende öffentliche Meinung.

Die nationalen und die liberalen Kräfte fühlten sich zusammengehörig. Das Revolutionsjahr in Europa 1848 bedeutete für Kierkegaard nicht viel, wohl aber der damit einhergehende Sturz der Wertpapiere, der ihn zum Verkauf des ererbten Vaterhauses nötigte. Im gleichen Jahr, als das „Kommunistische Manifest" erschien, veröffentlichte er seine „Christlichen Reden". Sein Schlagwort war „Tilbage!" – „Zurück!" zum echten Christentum.

Kiekegaards Berufung

Kierkegaard berichtet selbst von einem persönlichen Berufungserlebnis. Dieses einschneidende Ereignis geschah an einem Sonntagabend auf einem Friedhof, während er sich auf einer Bank erholte. Dabei wurde er zufällig Ohrenzeuge des Gesprächs zwischen einem Greis und seinem Enkel von zehn Jahren an einem frischen Grab. Der Großvater suchte den Enkel durch den Verweis auf den himmlischen Vater über den Verlust des eigenen Vaters zu trösten, noch mehr aber sich selbst wegen der Glaubenslosigkeit des Verstorbenen, der den in Spekulation aufgelösten Glauben Hegels geteilt hatte. Dann ließ er den Jungen schwören, am wahren Glauben festzuhalten, und der Kleine tat es überwältigt auf den Knien.

Kierkegaard behauptet, diese Szene sei keine fiktive Verdichtung, sondern ein wirkliches Erlebnis, das ihn so ergriffen habe, weil der schlohweiße Greis keine Zeit mehr hatte, auf die Reife und das Verstehen des Kindes zu warten. Dennoch hat es Ähnlichkeit mit seiner eigenen Geschichte und der Erfahrung mit dem Vater. Er schreibt: „In dem einen Augenblick war es mir, als sei ich selbst der junge Mann, den der Vater mit Entsetzen begrub, im nächsten war es mir, als sei ich das Kind, das durch das heilige Gelübde gebunden wurde." (Unwissenschaftliche Nachschrift, Köln 1959, 387)

Dieses aufwühlende Ereignis verlangte nach einer Deutung. „Des ehrwürdigen Greises Schmerz darüber, seinen Sohn nicht nur durch den Tod, sondern, wie er es auffasste, noch schrecklicher durch die Spekulation zu verlieren, rührte mich tief. Das Ganze gefiel mir wie ein verwickelter Kriminalfall." (389)

Er fasste den Entschluss, das Missverhältnis zwischen dem Christentum Hegels und dem echten zu klären, und erkannte in der Verwirrung die irreführende Richtung des ganzen Zeitalters. In deren Aufklärung sieht er nun seine Lebensaufgabe. Seine literarische Produktivität wandte sich jetzt ganz der Unterscheidung zwischen Ästhetik, Ethik, Religion und Glaube zu, beginnend mit dem Buch „Entweder – Oder". Ehrlich und deshalb so geschickt, formuliert er bis zuletzt sein Selbstverständnis: „Ich bin nicht, was die Zeit vielleicht fordert, ein Reformator, auf keine Weise, auch nicht ein Seher, Prophet, nein, ich bin – mit Verlaub – ich bin ein in seltenem Maße ausgeprägtes Polizeitalent.“ (in der Zeitung „Das Vaterland“, 28.3.1855)

Seine hoffnungslose Lage als prophetischer Mahner hatte er in ein Bild gebracht: „In einem Schauspielhause geschah es, dass die Kulissen Feuer fingen; der Bajazzo trat vor, um das Publikum davon zu benachrichtigen. Man glaubte, es sei ein Witz, und applaudierte. Er wiederholte die Anzeige: man jubelte noch lauter. So, denke ich, wird die Welt unter allgemeinem Jubel witziger Köpfe zu Grunde gehen, die da glauben, es sei ein Witz.“ (Entweder – Oder, Diapsalmata)

Die Aufgabe, das faktisch gelebte Christentum der Prüfung zu unterziehen, macht ihn einsam: „Der Gesichtspunkt, den ich aufzeigen soll und auch aufzeige, ist von solcher Eigentümlichkeit, dass ich in den 1800 Jahren der Christenheit ganz buchstäblich kein Gegenstück, keine Entsprechung habe, an die ich mich halten könnte.“ (Der Augenblick Nr. 10, 1. September 1855)

Kierkegaard machte sich solidarisch mit den Zeitgenossen und bekannte, dass er selber auch nicht als echter Christ lebe. Er sei vielmehr ein Prüfer des Begriffs vom Christentum, ein Spion in höherem Dienst, ein Polizeitalent, um den Sinnentrug aufzudecken: „Die ‘Christenheit’ liegt in einem Abgrund von Sophistik, weit weit schlimmer als zu der Zeit, da die Sophisten in Griechenland in Blüte standen. Diese Legionen Pfarrer und christlichen Dozenten, sie sind alle Sophisten, ernähren sich davon, dass sie denen, die nichts verstehen, etwas einbilden und dann diese Menschenmenge zur Instanz dafür machen, was Wahrheit, was Christentum sei. Gerade weil ich mich nicht Christ nenne, ist es unmöglich, mich loszuwerden, mich, der ich nun die verflixte Eigenschaft habe, dass ich, gerade auch mit Hilfe dessen, dass ich mich nicht einen Christen nenne, es offenbar machen kann, dass die andern es noch weniger sind.“ (Der Augenblick Nr. 10)

Seine Aussage in „Der Gesichtspunkt für meine Wirksamkeit als Schriftsteller“ (zu Lebzeiten nicht publiziert) ist todernst gemeint: „Ich hab nicht deklamiert oder gedonnert, nicht doziert, sondern offenbar gemacht, dass es auch in unsrer Zeit so ist, traurig und verwirrt bestellt ist mit dem Guten und Wahren. Ich hab das Verbrechen begangen, Gott zu lieben und mich bemüht, als Spion die Verräterei offenbar zu machen.“

Für Kierkegaard muss es eine verlockende Vorstellung gewesen sein, mit seiner Braut, Regine Olsen, ein Pfarramt auf dem Land als Basis für eine Dichterexistenz anzustreben, aber ihn quälte die Frage, ob er das dürfe, wenn er die Christen seiner Zeit an die Zeit der Apostel erinnern und dafür kämpfen müsse. Er wusste: Die Zwölf und Paulus hatten nach keinem Amt gejagt.

In den Flugschriften vor seinem Zusammenbruch hat er es später aphoristisch zugespitzt: „In der prächtigen Domkirche tritt der hochwohlgeborene, hochwürdige geheime General-Oberhofprediger auf, der auserwählte Günstling der vornehmen Welt, er tritt auf vor einem auserwählten Kreis von Auserwählten, und predigt gerührt über den von ihm selbst ausgewählten Text: 'Gott hat auserwählt das Geringe vor der Welt und das Verachtete' – und da ist niemand, der lacht."

„Von Nichts kann man nicht leben. Das hört man so oft, besonders von Pfarrern. Und gerade die Pfarrer bringen folgendes Kunststück fertig: das Christentum ist gar nicht da – dennoch leben sie davon."

„In der 'Christenheit' da spielen wir das Glauben, spielen das Christsein. Dass die Pforten der Hölle über Christi Kirche nicht Macht haben sollten, geht nur den an, der ein Glaubender ist nach dem Verständnis des Neuen Testaments, nicht den Pfarrerschwindel mit diesen Bataillonen Christen, welche man unter Anlehnung an den Unterschied zwischen Sonntagsjägern und wirklichen Jägern Sonntagschristen nennen könnte. Die Bibelauslegung der Mittelmäßigkeit erklärt und erklärt Christi Worte so lange, bis sie ihr Eigenes, das Triviale herausbekommt – und nun, nachdem sie alle Schwierigkeiten beseitigt hat, ist sie beruhigt und beruft sich auf Christi Wort! Der Unterschied zwischen dem Theater und der Kirche ist der, dass sich das Theater ehrlich und redlich zu dem bekennt, was es ist; die Kirche hingegen ist ein Theater, das auf jede Weise unredlich zu verbergen sucht, was es ist." (Der Augenblick Nr. 6, 23.8.1855)

Reflexionen über Christentum und Staatskirche

Bevor Kierkegaard zum Handeln schritt, klärte er die Fragen in seinem Tagebuch. Über seinen Vater war er mit Bischof Mynster bekannt, schätzte und liebte ihn; gerade so gewann er aus dieser intimen Kenntnis die Kriterien, um das Phänomen des Christentums in der Vermischung mit dem Staat zu reflektieren: „Will man den Streit dergestalt beginnen, dass man den Begriff 'Staatskirche' selbst in Erörterung zieht, so ist Mynsters Stellung misslich – räumt man den Begriff der Staatskirche ein, so ist Mynster der Meister. (...) Es liegt eine Zweideutigkeit in seinem Dasein, die nicht vermieden werden kann, weil 'Staatskirche' eine Zweideutigkeit ist.“ (November 1847)

Die Unterscheidung, die Kierkegaard in der Person des Bischofs aufgeht, versteht er folgerichtig als *Krisis*, als Gericht: „Zuweilen kann mir fast angst und bange werden um des Mannes willen, wenn ich an Bischof Mynster denke. Er ist nun 72 Jahre alt. Bald geht er ein zum – Gericht. Und wie hat er doch dem Christentum geschadet, durch Hervorzaubern eines lügnerischen Scheins – damit er sitzen und herrschen könne. Seine Predigten sind sehr ordentlich – aber in der Ewigkeit soll er nicht predigen, dort soll er – gerichtet werden.“

Man kann sich gut vorstellen, dass das Noch-Fortbestehen der „Heiligen Allianz“ seit dem Wiener

Kongress auch durch den revolutionären Gang der 1848er Ereignisse für ihn fraglich geworden war:

„Der Verkünder des Christentums soll kein Vortragskünstler sein, sondern ein in dem, was er verkündet, Existierender. Und doch halte ich so viel von Bischof Mynster, und das nicht bloß, weil die Erinnerung an meinen Vater mich an ihn bindet. Nein, Mynster drückt das rein Menschliche so meisterhaft aus, wie ich es niemals gesehen habe. Hingegen ist er freilich dem entscheidend Christlichen so fremd, dass er, falls er seine Meinung darüber sagen sollte, sagen müsste: Es ist das Dämonische.“ (August 1848)

„Da sah ich mit Entsetzen, was man unter einem christlichen Staat versteht (und ich sah das besonders im Jahre 48), ich sah, dass die, welche herrschen sollten beide in der Kirche und im Staat, sich feige versteckten, während die Niedertracht in aller Frechheit rast. Wenn das Christenheit sein soll, christlicher Staat, was man jetzt allenthalben in Europa sieht: so gedenke ich, hier in Dänemark den Anfang zu machen und den Preis für das Christentum derart zu notieren, dass der ganze Begriff: Staatskirche, Beamte, Lebensunterhalt – in die Luft geht.“ (Mai/Juli 1849)

„Das Christentum kam in die Welt, da Kaiser Augustus alle Welt zur Steuer einschreiben ließ – man könnte versucht sein zu glauben, die Christenheit habe sich geirrt, diese beiden gleichzeitigen Ereignisse verwechselt und geglaubt, es sei das Christentum, welches in die Welt gekommen sei, um alle zur Steuer einzuschreiben.“ (Oktober 1854)

Seine staatskritische Position in der Tradition etwa des Augustinus sucht er zu untermauern durch das Prinzip der Mehrheit, auf dem der Staat beruht: „Der Staat ist eher vom Bösen als vom Guten, eher ein notwendiges, ein im gewissen Sinne nützliches, zweckmäßiges Böses als ein Gutes. Und weiter reicht der Staat nicht; so dass die Besserung durch das Leben im Staat ebenso zweifelhaft ist wie die Besserung in der Besserungsanstalt. Der Staat ist fortwährend der Zweifelsucht ausgesetzt, dass das Zahlenmäßige den Begriff bestimme, dass die größte Anzahl die Wahrheit sei. Und dann sollte der Staat darauf bedacht sein, die Menschen sittlich zu entwickeln, sollte das rechte Mittel für die Tugend sein, der Ort, wo man wirklich tugendhaft werden kann! Wahrhaftig, dieser Ort ist für diesen Zweck ebenso sonderbar, wie wenn man behaupten wollte, dass für einen Uhrmacher oder einen, der punktieren soll, der beste Arbeitsplatz an Bord eines Schiffes bei starkem Seegang sei. Das Christentum ist deshalb ja nicht der Meinung, der Christ solle in der staatlichen Gemeinschaft bleiben, um sittlich veredelt zu werden – nein, es sagt ihm ja voraus, es bedeute, dass er leiden werde." (November 1854)

Letzte Zuspitzung: „Der Augenblick" (1855)

In den Artikeln der Zeitung „Das Vaterland" und in der Flugschriftenreihe seines letzten Lebensjahres „Der Augenblick" gelang es ihm, die Streitsache einfacher und zugespitzter zu formulieren. Kierkegaard unterscheidet zwischen „Christentum mit königlicher Bestallung und Christentum ohne königliche Bestallung“ (Titel im „Vaterland“ vom 11.4.1855) und wird zum handelnden Propheten.

„Der religiöse Zustand im Lande ist folgender: Das Christentum ist gar nicht da, was wohl beinah jeder ebenso gut sehen könnte wie ich. Wir haben, wenn man so will, eine vollständige Besetzung von Bischöfen, Pröpsten, Pfarrern; gelehrt, sonderlich gelehrt, talentvoll, begabt, menschlich wohlmeinend deklamieren sie alle – gut, sehr gut, ausgezeichnet oder ziemlich gut, mäßig, schlecht – aber keiner von ihnen vertritt das neutestamentliche Christentum im vollen persönlichen Ernst, auch nicht insofern er ein Streben zeigte in Richtung auf das neutestamentliche Christentum.“ (Das Vaterland, 26.3.1855)

„Nein, das amtliche Christentum ist nicht das Christentum des Neuen Testaments, das muss jeder sehen können, der bloß einen auch nur flüchtigen Blick auf die Evangelien wirft und sich dann anschaut, was wir Christentum nennen. Der Grund, weshalb man das nicht sieht, ist der, dass die große Menge der Menschen durch allerhand Augenverblendungskünste daran gehindert wird, unbefangen sehen zu können; und es hat darin seinen Grund, dass der Staat 1000 Beamte angestellt hat, die schwerlich unbefangen sehen können, weil die Frage des Christentums für sie zugleich eine geldliche Seite hat“ (Das Vaterland, 11.8.1855), weil sie nämlich

„geldlich daran interessiert sind, a) dass die Menschen sich Christen nennen – je größer die Schafsherde, desto besser –, dass sie den Namen von Christen annehmen, und b) dass es dabei bleibt, sie nicht erfahren zu lassen, was Christentum in Wahrheit heißt. Mit dem Dasein dieser 1000 Beamten hat es nämlich folgende Bewandtnis: wenn man das Neue Testament daneben hält, ist leicht zu erkennen, dass ihr ganzes Dasein, christlich, ein Missstand ist.“ (Der Augenblick Nr. 1, 24.5.1855)

„Soll hier Christentum angebracht werden, so muss also zuerst und zunächst dieser Sinnentrug fort, der eine rein äußerliche Seite hat, dass man Christentum und Staat ineinander geschmolzen hat, dass der Staat 1000 Beamte anstellt, die mit dem Trieb der Selbsterhaltung daran interessiert sind, dass die Menschen nicht erfahren, was Christentum heiße und dass sie keine Christen seien. Das Dasein dieser Pfarrer selbst ist nämlich, christlich, eine Unwahrheit; völlig verweltlicht und im Dienst des Staates (königliche Beamte, Standespersonen, Karrieremachende usf.) können sie selbstverständlich der Gemeinde nicht wohl sagen, was Christentum heiße; denn das zu sagen, würde bedeuten, dass sie ihr Amt niederlegten.“ (Der Augenblick Nr. 2, 4.6.1855)

„Das Christentum verhält sich zu dem Reich, das nicht von dieser Welt ist – und dann nimmt der Staat vom Lehrer des Christentums einen Eid entgegen, welcher also bedeutet, dass er gerade dem Treue schwört, was der Gegensatz zum Staate ist. Wenn der Pfarrer auf irgendeine Weise das sein sollte, wozu der Eid auf das neue Testament ihn verpflichtet, ein Jünger Christi, sein Leben eine Nachfolge Christi, so wäre seine Anstellung als königlicher Beamter das Allerhinderndste; im selben Augenblick, da er sich in Richtung auf das bewegte, wozu ihn sein Eid auf das Neue Testament verpflichtet, müsste er seine Stellung als königlicher Beamter sprengen. Welcher Selbstwiderspruch! Und wie verderblich für den Staat wie auch für das Christentum! Die christliche Forderung an den Staat müsste nun so lauten: ob nicht der Staat geruhen wolle, die gesamte Geistlichkeit von ihrem Eid zu entbinden, ihr den Eid zurückzugeben, um damit auszudrücken, dass der Staat in eine Sache hineingeraten sei, mit der er sich nicht befassen könne. Die Probe ist ganz einfach: Lass den Staat (und das ist die einzig wahre christliche Forderung, wie es auch das einzig Vernünftige ist) alle Christentumsverkündigung der privaten Praxis anheimstellen – und es würde sich bald zeigen, ob es hierzulande 1,5 Millionen Christen gibt; ebenso, ob hierzulande Bedarf ist für 1000 Pfarrer mit Familie. Solange es in Dänemark 1000 königliche Besoldungen für Lehrer des Christentums gibt, ist damit das Bestmögliche zur Verhinderung des Christentums getan. Auf die jetzige Weise bringt es der Staat fertig, das ganze Land mit verdorbenem Christentum anzufüllen, die allergrößte Schwierigkeit für das Anbringen von wahrem Christentum, viel größer als bei vollkommenem Heidentum.

Nun meint der eine, es würde helfen, wenn man ein neues Gesangbuch bekäme, ein anderer: eine neue Agende, ein dritter: liturgische Gottesdienste usw. usw. Alles umsonst; es liegt nämlich am Gebäude. Erlöse vor allem das Christentum vom Staat; mit seinem Schutz und Schirm liegt er das Christentum tot, wie wenn eine Matrone mit ihrem Leibesumfang ihr Kind totliegt, und er lehrt das Christentum die abscheulichsten Unarten: unter dem Namen des Christentums Polizeigewalt zu gebrauchen." (Der Augenblick Nr. 3, 27.6.1855)

„Das Verhältnis ist folgendes: Für jenen, der in Wahrheit die Wahrheit gewollt hat, leben – schaudere! – leben 1000 Pfarrer, die sich samt Familie davon ernähren, dass sie die ungeheure Menge der Sinnlichen, Leichtsinnigen, Weltkinder, Mittelmäßigen daran hindern, einen wahren Eindruck von jenem Einen zu bekommen, der in Wahrheit die Wahrheit gewollt hat. Es steht völlig unverändert wie zu der Zeit unsers Herrn Jesu Christi die Todesstrafe darauf, zu verkündigen, was Christentum in Wahrheit ist. Das Verdienst der 'Christenheit' aber ist: dass sie mit Hilfe der Lehre, das Christentum sei vervollkommnungsfähig, das Christentum zur Weltlichkeit umgeschaffen hat. Damit fällt natürlich die Verfolgung weg." (Der Augenblick Nr. 10, druckfertig im Schreibtisch, als Kiergegaard am 2.10.1855 auf der Straße zusammenbrach)

Überspitzt kann er sagen: „Nur in einem Fall kann ein Lehrer des Christentums, der durch Eid auf das Neue Testament verpflichtet ist, es verantworten, sich vom 'Staat' unterhalten zu lassen – nämlich als Häftling und wohlgemerkt als Häftling um des Christentums willen." (Einzelaufzeichnung zwischen 1850 und 1855, Pap. XI 2A 352)

Man verleumdete Kierkegaard: Er habe behauptet, nur der Märtyrer dürfe Christ heißen. Er hatte aber nur die allgemeine Abmilderung der Forderungen Jesu angeprangert, die ja daran schuld war, dass die Kirche so angreifbar geworden war. Er antwortete, es genüge, um Christ zu sein, dieses Eingeständnis: „Das Christentum ist in der Christenheit ganz buchstäblich vom Thron gestoßen; aber ist das so, so ist es auch abgeschafft" (Einübung, GW 26, 226), dann dürfe man zur Gnade Gottes hinfliehen. Zuerst hatte er dieses Buch unter dem Titel veröffentlichen wollen: „Versuch, das Christentum in die Christenheit einzuführen".

Muss der echte Christ leiden? Erst wer wirklich nachfolgt, würde verstehen: „In der Gleichzeitigkeit oder im lebendigen Leben wird nämlich der Prophet, der Jünger, verhöhnt, verlacht, gehasst, verflucht, verabscheut, auf jede Weise verfolgt." (Der

Augenblick Nr. 8) „Käme Christus jetzt zur Welt, so würde er doch vielleicht nicht getötet werden, sondern ausgelacht. Dies ist das Martyrium in der Zeit des Verstandes; in der Zeit des Gefühls und der Leidenschaft wird man getötet." (Tagebuch, Dezember 1848)

Auslöser des Konflikts: die Predigt Bischof Martensens

Kierkegaards öffentlich ausgetragener Kirchenkampf war die Konsequenz eines langen Nachdenkens über den Abfall des Christentums in eine Staatsreligion. Der äußere Anlass für den öffentlichen Angriff auf Martensen, Professor und Hofprediger, der im April 1854 zum neuen Bischof von Seeland ernannt und am 5. Juni ordiniert wurde, war dessen Gedenkrede zum Tod seines Vorgängers Bischof Mynster am 30. Januar jenes Jahres. Martensen hatte ihn darin, sicher bewusst gegen Kierkegaards Begriff von den echten Aposteln, als einen echten „Wahrheitszeugen" gepriesen und gesagt: „In dieser heiligen Kette der Wahrheitszeugen war auch unser heimgegangner Lehrer ein zur Ehre unseres Gottes und Vaters dienendes Glied und übte wie er doch unter uns das Zeugnis des Glaubens in Beweisung des Geistes und der Kraft aus!"

Kierkegaard muss lange mit sich gerungen haben. Die ganze Zeit zwischen Dezember 1853 und Februar 1854 ruhte die Tagebuchführung. Am 1. März aber notierte er: „Nun ist er tot. Hätte man ihn dazu bewegen können, sein Leben damit zu enden, dass er dem Christentum das Eingeständnis machte, das, was er repräsentiert, sei eigentlich nicht Christentum, sondern Milderung: dann wäre dies höchst wünschenswert gewesen, denn er trug eine ganze Epoche. Gestorben ohne dies Eingeständnis, ist alles verändert, nun bleibt nur das übrig, dass er das Christentum gepredigt hat, aber in einem Sinnentrug."

Er ließ seine Antwort auf die Totenrede Martensens im Schreibtisch. Erst als Martensen schon ein halbes Jahr als Nachfolger im Amt war, eröffnete er am 18. Dezember mit einem Zeitungsartikel den Streit darüber, ob ein Mann der Hoch- und Staatskirche, der ein bloß menschliches Christentum lehrte und mit dem Staat zusammenarbeitete, von dem er lebte, ein „Wahrheitszeuge" des Evangeliums genannt werden dürfe oder nicht. Damit war auch der neue Bischof mitgetroffen, der seinen Vorgänger als einen „Wahrheitszeugen" gerühmt hatte. In den Augen Kierkegaards war Bischof Mynsters Verkündigung charakterlos, weil er mit seiner Person und mit seinem Leben diese Verkündigung widerlegte.

Der Artikel erregte ungeheuren Zorn. Daraufhin verschärfte der Autor seine Frage. Er bestand darauf, dass der christliche Glaube eine Existenzform („Christ sein") ist. Viele erwarteten und forderten, dass die Regierung einschreite und weitere Artikel Kierkegaards unterbinde. Das geschah nicht.

Kierkegaard hatte den verstorbenen Bischof Mynster verehrt und häufig besucht und mit ihm über seine Bücher gesprochen; er hatte ihm sein Hauptwerk „Einübung im Christentum" zur Begutachtung persönlich übergeben und wartete auf eine Antwort; er fühlte sich von ihm nicht verstanden; der Bischof ließ sich bei seinem Besuch verleugnen. In dem Buch hatte er Bischof Mynster, der sich gekränkt fühlte, nur indirekt angegriffen, direkt nur die Staatskirche.

Im Tagebuch (1847) hatte er die tatsächliche Lage längst so formuliert: „Fast auf jeder zweiten Seite in Mynsters Predigten kann man zeigen, wie wenige nach seiner eigenen Annahme eigentlich Christen sind oder sich nur etwas draus machen, Christen zu sein. Aber was ist dann das Ganze für ein Blendwerk, noch weiterhin von einer Staatskirche zu reden, von einem christlichen Land und Volk. Und was soll es dann heißen, seine Stellung als vom Staat entlohnt zu betrachten, Ehren und Würden einzuheimsen, ungefähr so, als sei er Professor in Hebräisch, der natürlich keinerlei Verantwortung dafür hat, ob es viele oder wenige sind, die Hebräisch lernen wollen, sondern nur dafür, dass er es selber kann. Hat man dieses Geständnis gemacht, wie Mynster es getan hat, dann ist es offenbar, dass jeder Lehrer in der Kirche, in der Staatskirche eo ipso eine Art Missionstätigkeit hat, die darin besteht, alles zu wagen, um die Menschen aufmerken zu lassen, und dem Staate gegenüber dafür einzustehen, dass alles getan wird, damit so viele wie möglich Christen werden. Falls Mynster im apostolischen Sinne Lehrer für die wenigen Christen sein müsste, von denen er selber spricht, dann würde es ein mäßiger Broterwerb sein und ohne staatsbürgerlichen Rang. Aber in dem einen Augenblick gibt es nur wenige Christen, im nächsten ist der Staat selber christlich, und ein Pfarrer, der Bischof hat gar nichts anderes zu tun, als gleich einem Beamten, der in der befohlenen Zeit in seinem Büro sitzt, auf diese Weise in einer Kirche zu predigen – und dann es im übrigen zu vermeiden, dass er den Menschen zu nahe tritt um des Avancements willen."

2. Die Frage nach dem Sprechen Gottes unter den Bedingungen des aufgeklärten Zeitalters

Sein Buch „Einübung im Christentum" ist das erste moderne Buch, das die Frage stellt, wie es Jesus und uns gehen würde, wenn er heute geboren würde. Darüber wurde er gezwungen nachzudenken durch die sogenannte Offenbarung eines Zeitgenossen: Er wurde Zeuge eines Konflikts der dänischen Amtskirche mit einem erweckten Visionär, dem Fall Adler. In seinem aus diesem Anlass verfassten Buch besitzen wir den Versuch einer Antwort auf die Frage, wie Gott heute – nach der Aufklärung – sprechen würde, wenn die Kluft zwischen der Vergangenheit und der Gegenwart – nach Lessing der „garstige Graben" – überwunden werden soll. In der Auseinandersetzung mit dem Fall Adler setzt sich Kierkegaard nicht nur mit dem Phänomen 'Privatoffenbarung' (wie man es nennen könnte) auseinander, sondern reflektiert sein eigenes Selbstverständnis im Spiegel dieses sich als pathologisch erweisenden Anspruches, vor allem aber in der Auseinandersetzung mit der radikalen Position Lessings.

Der Fall Adler und seine Deutung

Der Fall überraschte Kierkegaard. Indem dieser Mann auftrat und sich auf eine Offenbarung berief, schien die Situation der 'Gleichzeitigkeit' gegeben, die Kierkegaard in der feierlichen „Anrufung" zur Eröffnung seines Hauptwerkes „Einübung im Christentum" zur Bedingung des Glaubens erhebt: „Solange es einen Glaubenden gibt, muss dieser – sonst wäre er ja nicht gläubig geworden – immer ebenso gleichzeitig mit Jesu Gegenwart gewesen sein und bleiben wie jene Gleichzeitigen; diese Gleichzeitigkeit ist die Voraussetzung des Glaubens, genauer: sie ist der Glaube selbst."

Adolph P. Adler, 1841 Gemeindepfarrer geworden, hatte 1843 neben Studien einen Predigtband veröffentlicht, in dessen Vorwort er berichtete, im Dezember 1842 eine Christusoffenbarung gehabt zu haben. Christus habe ihm geboten, seine Hegel-Manuskripte zu verbrennen und sich künftig ganz an die Bibel zu halten, auch habe er ihm eine neue Lehre über die Herkunft des Bösen in die Feder diktiert.

Er schreibt darüber: „Eines Abends setzte ich gerade den Ursprung des Bösen auseinander; da erkannte ich wie mit einem Schlage, dass nicht auf das Denken, sondern auf den Geist alles ankomme, und dass es einen bösen Geist gebe. In der gleichen Nacht fuhr es mit greulichem Krachen in unsere Schlafzimmer nieder. Darauf gebot mir der Erlöser, aufzustehen und hinzugehen und folgende Worte niederzuschreiben (...) Darauf gebot mir Jesus, mein Eigenes (d.h. von Hegel Inspiriertes) zu verbrennen und mich in Zukunft an die Bibel zu halten. Von den Predigten und Reden von Nr. VI bis zum Schluss weiß ich, dass sie unter Jesu mitwirkender Gnade geschrieben sind, so dass ich nur Werkzeug gewesen bin." (Das Buch über Adler, GTB 629, 210f)

Bischof Mynster schloss aus der Abkehr Adlers von Hegel durch eine Vision auf einen Zustand geistiger Verwirrung und versetzte ihn in den Rentenstand. Adler war verunsichert, schwächte einige Ausdrücke ab, rechtfertigte aber in vier Büchern seine Sendung. Er suchte auch Kierkegaard auf, um ihn als eine Art Johannes der Täufer, als Herold für sich zu gewinnen. Der behandelte das psychopathische Offenbarungserlebnis Adlers ironisch-höflich und erkannte es als Warnsignal. Aber seine Frage war wach geworden: Müsste Gott heute nicht auf eine andere (gleichsam aufgeklärte) Art als durch religiöse Formen sprechen?

Die maßgebliche Reflexion Kierkegaards über diese Frage ist in das Buch Adler in seiner dritten, gereiften Fassung von 1847 eingegangen. Denn Kierkegaard ist erst langsam durch seine Lebenskrise, durch die schmerzhafte Entlobung und die Zeitungsangriffe auf seine Person zu einer vollen Deutung des Falles Adler gelangt. Kierkegaard lernte vor allem daraus, dass einer, der mit einem wirklichen Wort Gottes an die Kirche betraut ist, nicht umfallen und nichts zurücknehmen darf, wenn die Obrigkeit sich dagegen sperrt. Dies bereitete ihn auf seinen eigenen Kampf vor. An Adler konnte er auch ironisch enthüllen, dass ein Amtsanwärter zwar viel Hegel studiert hat, aber sich erst als Amtsinhaber vor die Frage des Glaubens gestellt sieht. Als Heide sei er christlicher Pfarrer geworden, als er dem Christentum näher kam, sei er entlassen worden!

Er deutet nun seinerseits die 'Offenbarung' an Adler als Zeichen der Zeit und Anrede Gottes. Der Fall Adler könnte ganz Dänemark Einblick geben in den Sinnentrug der geografischen Christenheit. In einem christlichen Land hat jeder die Möglichkeit, sogar als Pfarramtskandidat, um die Entscheidung, um das Christwerden herumzukommen. „Deshalb ist ja sein Leben eine Mahnung.“ (GTB 629, 159)

Worin sah Kierkegaard die zutage tretenden Mängel? „Der Grundschaden liegt darin, dass Magister Adlers theologische, christlich-theologische Bildung und Schule mangelhaft und verwirrt sind und in keinem Verhältnis zu seiner lyrischen Ergriffenheit stehen.“ (127) Dass ihm die qualifizierten und unterscheidenden Begriffe mangelten, bedeutet: Ihm fehlte die Unterscheidung der Geister: „Nicht jede Ergießung religiöser Ergriffenheit ist eine christliche Ergießung.“ (130)

„Um sich christlich ausdrücken zu können, wird außer der allgemeineren Herzenssprache der Ergriffenheit zugleich Fertigkeit und Schulwissen in den christlichen Begriffsbestimmungen erfordert.“ (131) Dass ihm der Maßstab fehlte, „zeigt sich am allerbesten darin, dass gerade das, was die größte Sicherheit für die Christlichkeit seiner Erweckung einschließen sollte (seine Berufung durch eine Offenbarung des Erlösers), seine Unsicherheit verrät.“ (132) Als Anhänger hegelianischer Gedanken und Pfarrer sei er der völligen Verwirrung des Christlichen verhaftet geblieben. Im Verbrennen der Hegel-Lesefrüchte sieht er eine Fluchtbewegung und das Eingeständnis der Unfähigkeit, die kritischen Fragen der Zeitgenossen an das Christentum wahrzunehmen und zu beantworten.

Das Symptom einer weiteren Verwirrung: Adler versteht und rechtfertigt die Art und Weise, wie er seelisch erschüttert mit Hegel Schluss machte, als ein äußeres Ereignis vom Himmel her, er „verwechselt das Subjektive mit dem Objektiven“, „die Tatsache, dass ihm die Augen aufgegangen sind, mit der, dass er eine Offenbarung gehabt habe“. (134) Dazu hatte ihn die Hegelsche Philosophie verführt, für welche ‘Offenbarung’ ein Prozess im menschlichen Geist ist. Und durch den Widerstand des Bischofs lässt er sich dann die nächtliche Vision zurückstufen auf die

Ebene einer allgemeinen Erweckungs-, Kranken- und Rettungsgeschichte.

Kierkegaard stellt sich vor, was geschähe, wenn statt Adler ein echter Glaubender als Sprecher – nicht von außen her ohne Kirchlichkeit – von innen her, mit dem Anspruch, eine Offenbarung gehabt zu haben und daran unerschütterlich festhaltend, die Amtskirche herausfordern würde. Er muss „trachten, dem Christentum ganz anders ans Leder zu kommen, muss trachten, wie ein Maulwurf mitten in der Christenheit aufzutauchen. Angenommen, Feuerbach hätte, anstatt das Christentum anzugreifen, (…) verkündet, er habe eine Offenbarung gehabt, und hätte der Orthodoxie geschickt all ihre Schwächen abgelauert, die er jedoch durchaus nicht angegriffen, sondern nur mit einer gewissen treuherzigen Harmlosigkeit ans Licht zu bringen gewusst hätte (…): dann hätte er die Orthodoxie in die größte Verlegenheit gebracht. Die Orthodoxie kämpft zugunsten des Bestehenden dafür, den Schein aufrechtzuerhalten, dass wir irgendwie alle Christen sind, dass das Land christlich ist und die Gemeinden Christen." (GTB 629, 58) Adlers Auftreten und Feuerbach überzeugen ihn nur davon, „dass es ein Drittes geben muss:" (61)

„Da unsere Zeit ‚die Zeit der Bewegung' ist, die etwas Neues hervorbringen will, muss sie ja öfter jenen Zusammenstoß zwischen dem Allgemeinen und dem Einzelnen erleben", schrieb Kierkegaard. (161) „Der Außerordentliche muss natürlich in hervorragendem Sinne wissen, wie unterhöhlt unsere Zeit in gläubiger Hinsicht ist.“ (189) Hier wird die Position Kierkegaards besonders deutlich: zwischen Adler und Feuerbach – er will durch die Religionskritik hindurch dem Glauben wieder einen Raum eröffnen und freimachen. Er konnte in seinem Jahrhundert das Unterscheidende nur am Einzelnen, an der Berufung zum Christsein der eigenen Person definieren.

Im Buch Adler gibt es eine besonders bedeutsame Stelle, an der Kierkegaard beschreibt, welche Kennzeichen ein berufener Einzelner nach dem Willen der Vorsehung als Antwort auf die Zeit nach der Aufklärung haben sollte: Er muss theologisch auf die Anfragen der Religionskritiker und Philosophen antworten, nicht fundamentalistisch: Er wird sich nicht auf außergewöhnliche religiöse Dinge wie Visionen berufen, sondern mit Hilfe seiner Reflexion und dem Glaubenswissen der Tradition aktuell die ‘Unterscheidung der Geister’, die Unterscheidung des Christlichen durchführen.

Der ungewöhnliche Text über den Berufenen von heute lautet: „Ein wahrer Außerordentlicher muss immer die Voraussetzungen seiner Zeit zu Diensten haben; insofern müsste er in unserer Zeit über das die Zeit Kennzeichnende: Reflexion und Verstand, in eminentem Sinn verfügen. Der wesentliche phänomenale Unterschied zwischen einem Mann in unserer Zeit, dem eine Anrede Gottes zuteil geworden ist, und einem solchen in einer früheren Zeit wird sein, dass jener mit einer in hohem Grad entwickelten Besonnenheit dieses Außerordentliche übernimmt. Unsere Zeit ist reflektierend; es lässt sich nicht denken, dass die göttliche Vorsehung selber nicht darauf aufmerksam ist. Die Reflexion des Auserwählten soll ihm das Außerordentliche, die 'Offenbarung', nicht zunichte machen, nein, aber er muss die ganze Überschau der Reflexion als dienendes Moment haben in dem Augenblick, da er sich und seine 'Offenbarung' in den Zusammenhang der Zeit einfügt. Er muss dialektisch die Gefahren und Misslichkeiten kennen, von denen der Auserwählte einer früheren Zeit keine Ahnung hatte. Ein Auserwählter im Zeitalter der Reflexion muss sein die Einheit des mit der Anrede Gottes Berufenen (und das muss für ihn unerschütterlich feststehen, dass es eine Anrede Gottes war und ist) und des größten Maieutikers (Geburtshelfers) seines Zeitalters. Seine Gaben und ethische Reifung machen ihn keineswegs würdig, von Gott auserwählt zu werden, nein, gegenüber Gottes Berufung gibt es keine Würdigkeit, die der Rede wert ist, aber dass er diese Gaben hat und dergestalt ethisch entwickelt ist, ist sein phänomenales Kennzeichen."

Man findet diese Stelle zwanzig Seiten nach Beginn des ersten Kapitels des Buches Adler. Diese Übersetzung hier setzt den Begriff 'Offenbarung' (katholisch müsste es 'Privatoffenbarung' heißen) in Anführungszeichen oder ersetzt ihn durch den Terminus Anrede Gottes.

Reflexion

Es geht um das Christsein in der Zeit nach der Aufklärung und nach dem Tod Gottes in den Herzen und Köpfen der Menschen! Kierkegaard schrieb im Januar 1849 ins Tagebuch: „Wahrlich, es lässt sich doch nur eines tun in bezug auf den Dienst an der Wahrheit: dass man für sie leidet, das ist das einzige Erweckliche, welches möglich ist. Will in unserer Zeit jemand Märtyrer werden, so ist seine Vorarbeit dafür die ungeheure Arbeit der Reflexion; hat er nicht die außerordentliche Reflexion gebraucht, so nützt er eigentlich als Märtyrer nichts." Die Begründung gab er im Tagebuch schon ein halbes Jahr früher: „Man hat stets gemeint, die Reflexion müsse das Christentum zerstören und sei dessen natürlicher Feind. Ich hoffe nun doch, es werde sich mit Gottes Hilfe zeigen, dass die gottesfürchtige Reflexion die Knoten wieder festziehen kann, an denen eine oberflächliche Reflexion so lange gezupft hat. Schau, die Reflexion kommt, um den umgekehrten Dienst zu tun, um dem Christentum die Sprungfeder wieder einzusetzen, dass es gegenhalten kann. Bisher ist der Kampf zwischen der Reflexion und dem unmittelbar einfältigen Christentum gewesen, jetzt entsteht er zwischen der Reflexion und der mit Reflexion bewaffneten Einfalt." (Tagebuch, Sommer 1848)

Hätte Pastor Adler als Landpfarrer nicht besser daran getan, statt die Notizen zu Hegel zu verbrennen, Hegel weiter zu studieren, um ihn fundiert christlich beantworten zu können, fragte sich Sören Kierkegaard. (GTB 629, 117) Hier wird deutlich, wie Kierkegaard die Herausforderung aufnimmt, die mit den großen neuen Themen 'Entwicklung', 'Geschichtlichkeit' die Diskussion in der theologischen Landschaft bestimmte und die größte Verwirrung anrichtete.

John Henry Newman in England und Johannes Evangelist von Kuhn in Deutschland versuchten auf ihre Weise und mit derselben eindeutigen Position aufseiten der Kirche, aus dieser Herausforderung ein neues Verständnis des Christlichen zu gewinnen.

3. Ansätze für eine zu erneuernde Kirche: Erinnerung an die Apostelzeit – Das Gleichnis vom Kutscher

Die Kirche der Apostelzeit war für Kierkegaard Maßstab und gleichzeitig der Gegenpol. Das zeigt er in einem Gleichnis, in dem er die verschiedenen Bedingungen reflektiert. In der frühen Zeit der Apostel war der 'Geist' und der 'Impetus' in der Kirche ein anderer als jetzt; zwar sind die Gaben und Möglichkeiten heute keine schlechteren oder andere – aber die Leidenschaft zum Existieren, d.h. zum Glauben, ist durch die Verbindung mit dem Staat lahmgelegt und kann sich nicht entfalten:

„Es war einmal ein reicher Mann; der ließ im Auslande für teures Geld ein Paar vortrefflicher Pferde kaufen, die er haben wollte zu seinem eigenen Vergnügen, selber zu kutschieren. Es ging dann so ungefähr ein Jahr hin oder zwei. Wo jemand, der diese Pferde von früher kannte, jetzt gesehen hätte, wie er sie fuhr, er hätte sie unmöglich wiedererkannt: Ihr Auge war matt und schläfrig geworden, ihr Gang hatte Haltung und Straffheit verloren, nichts konnten sie vertragen, nichts aushalten; er konnte kaum eine Meile fahren, ohne dass er unterwegs einkehren musste; manchmal blieben sie stehen, gerade wenn er so recht schön dasaß: dazu hatten sie allerhand Mücken und Tücken angenommen; und obwohl sie Futter im Überfluss hatten, wurden sie magerer von einem Tag zum anderen.

Da ließ er des Königs Kutscher rufen. Der fuhr sie einen Monat lang. Im ganzen Lande war da kein Paar Pferde, welches das Haupt so stolz getragen hätte, dessen Blick so feurig gewesen wäre, dessen Haltung so wunderschön – kein Paar Pferde, das es so gut hätte aushalten können, womöglich sieben Meilen in einem Zuge zu laufen, ohne dass man einkehrte. Woher kam das?

Es ist leicht zu sehen: Der Eigentümer, welcher, ohne Kutscher zu sein, den Kutscher spielte, er fuhr sie nach dem Verstand der Pferde davon, was fahren heißt; der königliche Kutscher fuhr sie nach dem Verstand des Kutschers davon, was fahren heißt.

Ebenso mit uns Menschen. O, wenn ich an mich selbst denke und an die Unzähligen, die ich kennen gelernt habe, so hab ich oft wehmütig zu mir selber gesagt: Hier sind Gaben und Kräfte und Voraussetzungen genug – aber es fehlt der Kutscher. Sehr lange Zeit hindurch, ein Geschlecht ums andere, sind wir Menschen, wenn ich so sagen darf, gefahren worden nach dem (um im Bild zu bleiben) Verstand der Pferde davon, was fahren heißt: Wir sind gelenkt, gebildet, erzogen worden nach dem Begriff des Menschen davon, was Mensch sein heißt. Sieh, daraus ergibt sich, was uns fehlt: Erhebung und (was wiederum daraus sich ergibt), dass wir nur so wenig aushalten können.

Einstmals ist es anders gewesen. Es war einmal, dass es Gott gefiel, selber, wenn ich so sagen darf, Kutscher zu sein; und er fuhr die Pferde nach dem Verstand des Kutschers davon, was fahren heißt. O, was hat damals ein Mensch nicht vermocht!

Da sitzen zwölf Menschen, alle derjenigen Gesellschaftsklasse zugehörig, die wir den gemeinen Mann nennen. Sie haben gesehen, wie er, den sie als Gott anbeteten, ihr Herr und Meister, am Kreuz hing. So wie man es niemals auch nur im entferntesten irgendwie von irgend einem sagen kann, von ihnen muss man es sagen: Sie haben alles verloren gesehen. Wohl wahr, er ist darnach siegreich gen Himmel gefahren – aber so ist er denn ja auch fort. Und nun sitzen sie da und warten, dass der Geist ihnen mitgeteilt werde, um alsdann von dem kleinen Volk, zu dem sie gehören, mit dem Bannfluch belegt, eine Lehre zu verkünden, die den Hass der ganzen Welt wider sie aufreizen wird.

Das ist die Aufgabe. Diese zwölf Menschen sollen die Welt umschaffen – und zwar wider deren Willen. In Wahrheit, hier steht der Verstand still. Es ist das Christentum, welches hindurch soll. Und diese zwölf Menschen, sie zogen es hindurch. In gewissem Sinne waren sie Menschen wie wir – aber sie wurden gut gefahren!

Dann kam das nachfolgende Geschlecht. Sie zogen das Christentum hindurch. Sie waren Menschen ganz wie wir – aber sie wurden gut gefahren! Es war mit ihnen wie mit jenem Paar Pferde, als der königliche Kutscher es fuhr. Nie hat ein Mensch je sein Haupt so stolz erhoben in Erhabenheit über die Welt als die ersten Christen es taten in Demut vor Gott! Und gleich wie jenes Paar Pferde, wo nötig, sieben Meilen laufen konnte, ohne dass Halt gemacht ward zum Verschnaufen: so liefen diese Christen, sie liefen siebenzig Jahre in einem Zug, ohne aus dem Geschirr zu kommen, ohne dass irgendwo eingekehrt wurde; nein, stolz, stolz in Demut vor Gott, sprachen sie: »Es ist nichts für uns, am Wege liegen zu bleiben, wir machen erst Halt – bei der Ewigkeit!« Es war das Christentum, welches hindurch sollte. Sie zogen es auch hindurch, ja, das taten sie. Sie wurden aber auch gut gefahren, ja, das wurden sie!

O Heiliger Geist, wir bitten für uns und für alle, o Heiliger Geist, der du lebendig machst: Hier fehlt es ja nicht an Gaben, nicht an Bildung, nicht an Klugheit; eher wohl ist hier zuviel davon. Sondern daran fehlt es, dass du von uns nehmest, was uns zum Verderben dient, die Macht, und dass alsdann du die Macht ergreifest und das Leben schenkest." (Zur Selbstprüfung, 1851, Rede zum 1. Pfingsttag, GTB 622, 118–120)

Der berufene Einzelne – der Ritter des Glaubens

Kierkegaard näherte sich durch seine Kritik an der Staatskirche und an der philosophischen Auflösung des Christentums in Pantheismus und Humanismus einem am Neuen Testament orientierten Begriff der Kirche. „Es gibt überhaupt wenig Menschen, die imstande sind, die protestantische Lebensanschauung zu ertragen, und diese muss, wenn sie in Wahrheit für den gemeinen Mann soll stärkend werden, entweder in einer kleineren Gemeinschaft (Separatismus, Konventikeln usw.) sich konstituieren oder dem Katholizimus sich nähern, um in beiden Fällen in dem Sozialen das Zusammen-Tragen der Lebensbürde zu entwickeln, das nur die allermeist begabten Individuen entbehren können. Christus ist wohl für alle gestorben, auch für mich; aber dieses 'für mich' muss doch so aufgefasst werden, dass er für mich nur gestorben ist, insofern ich zu den Vielen gehöre." (Loses Papier, dat. 6.4.1838) Freilich muss der Einzelne, die Person, Christ werden, nur dann kann er lebendiges Glied der Gemeinschaft sein.

Seine Zurückhaltung gegenüber der „Gemeinde" erklärt sich aus der geschichtlichen Situation: In Dänemark bedeute „Gemeinde" nur noch „Publikum",

„Menge“, „Masse“, schrieb er. Zur Dialektik Einzelner und Gemeinde sagte er: „Die Einzelglieder, die sich im Verhältnis zueinander verhalten, sind als solche höher als das Verhältnis. Der Einzelne verhält sich zuerst zu Gott und dann zur Gemeinde.“ (Tagebuch, Februar 1846)

Eigentlich wendet er sich mit der Kritik an der Bezeichnung Gemeinde dagegen, dass ganz Dänemark sich für christlich hält. Bei „Gemeinde“ müssen wir bei ihm mithören „Königreich-Staatskirche“. Er kennt nur den Einzelnen als Christen. Es ist geradezu ein Grundimpetus Kierkegaards, die Masse der Namens-Christen zu zerschlagen: „Der Einzelne, diese Kategorie ist nur einmal, ihr erstes Mal von Sokrates entscheidend geltend gemacht worden zur Auflösung des Heidentums. In der Christenheit wird sie gerade umgekehrt, das zweite Mal dazu dienen, die Menschen (die Christen) zu Christen zu machen.“ (Tagebuch, November 1847) Es ist die christlich gewordene Masse, welche er zu Einzelnen machen will. Es geht ihm um das Christsein des Einzelnen. Dafür müsste der Christ streiten, sagt er. Als man gegen ihn einwandte, es könne doch unmöglich jeder Märtyrer werden, antwortete er: „Ist es denn dir eine Unmöglichkeit, es zu werden?“ (Einübung im Christentum, GW 26, 224)

In „Furcht und Zittern“ zeichnet Kierkegaard das Bild eines zeitgenössisch Glaubenden. Dabei verfährt er wie oft dialektisch, indem er beschreibt, was er alles unternehmen würde, um einen solchen zu finden, aber gleichzeitig zu verstehen gibt, dass er keinen solchen gefunden hat: „Wüsste ich, wo solch ein Glaubensritter lebte, so würde ich, so wie ich steh und geh, mich auf den Weg zu ihm machen; denn mit diesem Wunder geb ich mich unbedingt ab."

Er, Kierkegaard, würde ihn keinen Augenblick aus den Augen verlieren, würde jede Minute aufpassen, wie ein solcher Glaubensritter sich in seinen Bewegungen offenbart; er würde sich selbst als versorgt für sein Leben betrachten und seine Zeit darin einteilen, auf ihn zu schauen und sich selbst zu üben. So würde er all seine Zeit darauf verwenden, ihn zu bewundern. „Wie gesagt, ich habe keinen solchen gefunden, immerhin kann ich ihn mir denken. Da ist er."

Dann malt er ihn gleichsam hin: Wie er, von außen im Alltag unkenntlich (als Abbild des Inkognito wie bei Christus), mit Freude an der Welt hängt, am Essen, an seiner Frau, mit Behagen aus dem Fenster lehnt, laut in der Kirche singt und doch jeden Augenblick auskauft und in jedem Augenblick ungesichert und ganz Gott sich ausgeliefert hat. (Furcht und Zittern, GW 4, 47–51)

Über sich selbst schrieb er, er habe die Kategorie „Der Einzelne" für den Missionar in der Christenheit, um das Christentum wieder in sie einzuführen, entwickelt. Hier setzt er sich auch mit der Frage auseinander, warum es nicht sein Charisma sei, Schüler um sich zu sammeln wie Christus und Sokrates, und er schloss: „Wo mich einer aufklären kann, dass in diesem Augenblick in unserm Lande noch ein Mann lebe, ein Schriftsteller, der im gleichen Maße wie ich die Voraussetzungen hat die Sache des Christentums zu beleuchten: so unterstelle ich ihm augenblicklich meine ganze Arbeit." (GTB 626, 118–120, 165)

Er sucht Mitchristen: „Wüsste ich, wo solch ein Glaubensritter lebte, so würde ich, so wie ich steh und geh, mich auf den Weg zu ihm machen." (GW 4, 47) Im Tagebuch notiert er, den Philosophieprofessor Rasmus Nielsen habe er an sich herangezogen, weil er es für seine Glaubenspflicht halte, „doch einen Menschen zu haben, auf dass man nicht von mir sagen könne, ich habe diese Instanz gänzlich übersprungen"; und dass er weiß: „Ein einzelner Mensch kann einer Mitwelt nicht helfen oder sie retten, er kann nur ausdrücken, dass sie untergeht." (Februar und März 1849)

Von daher ist so einfach zu verstehen, was seine persönliche Entscheidung zur Auflösung der Verlobung begründet. Kierkegaard verarbeitete seine Erfahrung 1845 in der Schrift „Stadien auf des Lebens Weg". Schon auf der ersten Seite der Leidensgeschichte beginnt die Frage: „Darf ein Grenzsoldat verheiratet sein? Darf ein Grenzsoldat, geistig verstanden, sich verheiraten, ein vorgeschobener Posten, welcher Tag und Nacht im Kampf liegt?" (GTB 611, 205)

Am 10.9.1852 schrieb er ins Tagebuch: „Meine Verlobung mit ihr und der Bruch sind eigentlich mein Gottesverhältnis, sind, wenn ich so sagen darf, im göttlichen Sinne meine Verlobung mit Gott." An der Liebe zu ihr hat er sich ja entschieden, dass sein Schritt vom Dichter zum öffentlichen Kirchenreformer die ganze Liebe zu Gott und seine Ehelosigkeit erfordert, wie er es auch an Paulus ablas.

Die Übergabe des Glaubens: Abraham

In „Furcht und Zittern", der Auseinandersetzung mit der Berufung Abrahams, klärte er den Unterschied zum ethisch und religiös alle verpflichtenden Allgemeinen: Vom Glaubenden ist etwas Urpersönliches und Freiwilliges verlangt; das Ziel der „Bindung Isaaks" war die Glaubensweitergabe an den Sohn, damit Gott ein Volk aus Glaubensverwandten gesammelt werden könne.

Der biblische Haupttext zur Glaubensweitergabe an die Kinder durch die Eltern ist die Erzählung von der Opferung Isaaks, in der jüdischen Auslegung zutreffender die „Bindung Isaaks" genannt; gemeint ist unter dem Bild des auf dem Altar Gebundenen die Bindung an den Glauben seines Vaters.

Das Beste und Tiefste, das je zur Stelle gesagt wurde, schrieb Kierkegaard. Er hat keine formgeschichtliche Erklärung zugelassen, um das Glaubensparadox herauszuarbeiten: Ethisch gesehen wäre Abraham ein Kindesmörder, gläubig gesehen gäbe es kein Weitergehen der Heilsgeschichte, wenn der Sohn am Vater nicht ablesen könnte, was ihm Gott wert ist; und der glaubende Vater erhält seinen Sohn doppelt zurück: lebendig und als Mitglaubenden.

Dass die jüdische Deutung intuitiv übernommen wurde, zeigt die vierte erdichtete Variante der Erzählung ex negativo: Was wäre gewesen, wenn Abraham verzweifelt das Opfern abgebrochen hätte?

„Da sah Isaak, dass Abrahams Linke sich krampfte in der Verzweiflung, dass ein Beben durch seine Glieder lief, – aber Abraham zog das Messer. Dann kehrten sie wieder heim und Sara eilte ihnen entgegen, aber Isaak hatte den Glauben verloren. Nie ist ein Wort davon gesprochen worden in der Welt, und Isaak hat zu keinem Menschen geredet von dem, was er gesehen, und Abraham ahnte nicht, dass es einer gesehen." (GW 4, 21)

Nachwirkung

Sören Kierkegaard als einem der bedeutendsten christlichen Denker ist es ähnlich ergangen wie Franz Kafka, einem der großen jüdisch-deutschen Dichter: sie wurden als Anreger und Impulsgeber angenommen, dabei zumeist von ihrer jeweiligen Verwurzelung im Judentum und Christentum losgelöst. Kierkegaards Nachwirken ist hauptsächlich in die philosophische Strömung des Existentialismus eingegangen – der Einzelne, nicht der berufene Einzelne – vor Gott; sein theologischer Impetus fand Aufnahme und Nachhall vor allem in der 'dialektischen Theologie', deren Hauptvertreter auf je verschiedene Weise Karl Barth und Dietrich Bonhoeffer sind. Durch dessen Ermordung am Ende der Nazi-Herrschaft ist die schöpferische Weiterentwicklung Kierkegaards fast zum Erliegen gekommen. Indirekt vermittelt durch die Theologie Karl Barths und Dietrich Bonhoeffers, direkter durch Theodor Haecker und Fritz Leist, wurde Sören Kierkegaard einer der geistigen Väter der Katholischen Integrierten Gemeinde.

Der Kierkegaard-Forscher Walter Rest schrieb in seiner Einleitung zu einer Textauswahl: „Die von Kierkegaard so leidenschaftlich herausgestellte 'Kategorie des Einzelnen' in der 'Christenheit' hat eine ungeahnte Bedeutung. Christliche Gemeinden als Werk von einzelnen Christen, die sich in sogenannten 'Integrierten Gemeinden' zusammenschließen, werden zwar die 'organisierte' Pfarrgemeinde nicht ablösen, aber Schwerpunkte in der europäischen Missionslandschaft bilden, von denen eine Erneuerung der Kirche von unten, eine *Renovatio* ausgehen könnte." (Herderbücherei 1389, 53)

GW = Gesammelte Werke, übersetzt und mit Anmerkungen versehen von Emanuel Hirsch, Eugen Diederichs Verlag, Düsseldorf–Köln 1950ff

GTB = Taschenbuch-Ausgabe der GW in 30 Bänden, Gütersloher Taschenbücher/Siebenstern, GTB 600–630, Gütersloh 1985ff